Os miaucacos
da macacamãe

Editora Appris Ltda.
1.ª Edição - Copyright© 2021 dos autores
Direitos de Edição Reservados à Editora Appris Ltda.

Nenhuma parte desta obra poderá ser utilizada indevidamente, sem estar de acordo com a Lei nº 9.610/98. Se incorreções forem encontradas, serão de exclusiva responsabilidade de seus organizadores. Foi realizado o Depósito Legal na Fundação Biblioteca Nacional, de acordo com as Leis nos 10.994, de 14/12/2004, e 12.192, de 14/01/2010.

Catalogação na Fonte
Elaborado por: Josefina A. S. Guedes
Bibliotecária CRB 9/870

C582m 2021	Civa, Cristiane
	Os miaucacos da macacamãe : literatura / Cristiane Civa. - 1. ed. - Curitiba : Appris, 2021.
	36 p. ; il. color. ; 21 cm.
	ISBN 978-65-250-0316-0
	1. Literatura infantojuvenil. I. Título. II. Série.
	CDD – 028.5

Editora e Livraria Appris Ltda.
Av. Manoel Ribas, 2265 – Mercês
Curitiba/PR – CEP: 80810-002
Tel. (41) 3156 - 4731
www.editoraappris.com.br

Printed in Brazil
Impresso no Brasil

Os miaucacos
da macacamãe

Editora Appris Ltda.
1.ª Edição - Copyright© 2021 dos autores
Direitos de Edição Reservados à Editora Appris Ltda.

Nenhuma parte desta obra poderá ser utilizada indevidamente, sem estar de acordo com a Lei nº 9.610/98. Se incorreções forem encontradas, serão de exclusiva responsabilidade de seus organizadores. Foi realizado o Depósito Legal na Fundação Biblioteca Nacional, de acordo com as Leis nos 10.994, de 14/12/2004, e 12.192, de 14/01/2010.

Catalogação na Fonte
Elaborado por: Josefina A. S. Guedes
Bibliotecária CRB 9/870

C582m 2021	Civa, Cristiane 　　Os miaucacos da macacamãe : literatura / Cristiane Civa. - 1. ed. - Curitiba : Appris, 2021. 　　36 p. ; il. color. ; 21 cm. 　　ISBN 978-65-250-0316-0 　　1. Literatura infantojuvenil. I. Título. II. Série. 　　　　　　　　　　　　　　　　　　　　　CDD – 028.5

Editora e Livraria Appris Ltda.
Av. Manoel Ribas, 2265 – Mercês
Curitiba/PR – CEP: 80810-002
Tel. (41) 3156 - 4731
www.editoraappris.com.br

Printed in Brazil
Impresso no Brasil

Cristiane Civa

Ilustrações
Marcos Ilha

Os miaucacos da macacamãe

FICHA TÉCNICA

EDITORIAL	Augusto V. de A. Coelho
	Marli Caetano
	Sara C. de Andrade Coelho
COMITÊ EDITORIAL	Andréa Barbosa Gouveia - UFPR
	Edmeire C. Pereira - UFPR
	Iraneide da Silva - UFC
	Jacques de Lima Ferreira - UP
ASSESSORIA EDITORIAL	Evelin Louise Kolb
REVISÃO	Andrea Bassoto Gatto
REVISÃO ORTOGRÁFICA E PSICOPEDAGÓGICA	Ana Cláudia de Freitas
ILUSTRAÇÕES	Marcos Ilha
PRODUÇÃO EDITORIAL	Lucielli Trevizan
DIAGRAMAÇÃO	Daniela Baumguertner
CAPA	Marcos Ilha
COMUNICAÇÃO	Carlos Eduardo Pereira
	Débora Nazário
	Karla Pipolo Olegário
LIVRARIAS E EVENTOS	Estevão Misael
GERÊNCIA DE FINANÇAS	Selma Maria Fernandes do Valle

Dedico este primeiro livro

Aos meus seis gatos, que são a inspiração para esta história: Aurora, Bento, Brigadeiro, Pink, Esmeralda e Maria (na ordem em que foram adotados).

Aos gatos Sol, Mercúrio e Vênus, que já partiram.

Ao gato Romeu, que apareceu em nossas vidas durante a produção deste livro. Ele já estava em fase terminal.

À Lassie, a cachorra que esteve comigo durante a minha infância.

A todos os animais que, marginalizados por nós, humanos, estão à espera de um lar e de amor.

Aos professores, às crianças e aos amantes dos animais e da leitura.

P.S.: não compre animais, ADOTE!

Agradecimento e colaboração

À professora e psicopedagoga, Ana Cláudia de Freitas
À professora e irmã, Cristina Civa
Ao ilustrador e amigo, Marcos Ilha
À professora mestre, Tânia Morelatto

✉ Marcos Ilha (marcos@ilha.dev)
✉ Tânia Morelatto (preparocentrodeensino@gmail.com)
✉ Ana Cláudia de Freitas (psicopedagogaanaclaudia@yahoo.com)

Apresentação

A "aututora" (autora do livro e tutora de gatos) "viajou" pelo mundo zodiacal e levou consigo os seus seis felinos.

A aquariana é tutora de gatos Sem Raça Definida, conhecidos popularmente por vira-latas, os quais foram a sua inspiração para a história.

O livro conta um pouco da personalidade de cada um desses animais, que sugere uma caracterização humana e mágica sem perder sua personalidade singular. A macacamãe representa todos os animais com instinto materno ou paterno, que acolhem outros bichanos como seus próprios filhos, proporcionando-lhes dignidade e acolhida – algo básico na vida de qualquer ser vivo.

As ilustrações contam a história com as palavras. O livro busca chamar atenção para a importância da adoção de animais sem preconceito de raça.

Sumário

O princípio..13

O meio..19

O fim..33

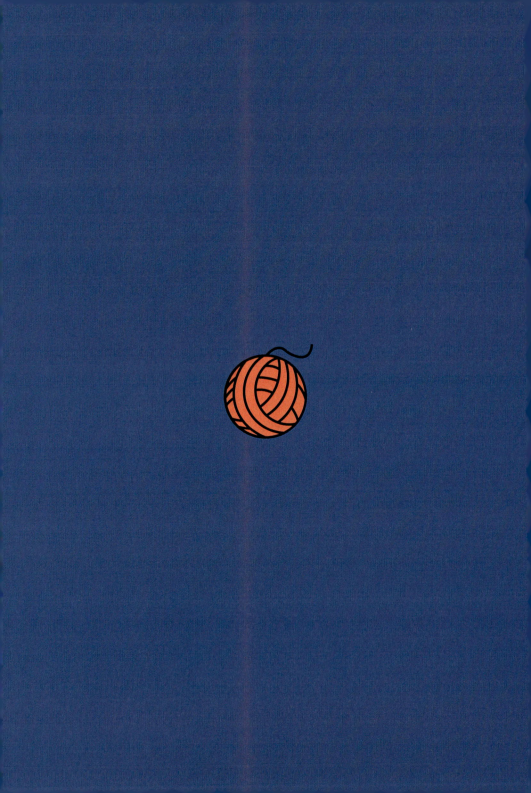

O princípio

Era uma vez uma macaca que vivia numa floresta do interior do Rio Grande do Sul. Ela morava sozinha numa casa que herdou de seus parentes. Madá, como era chamada por todos no vilarejo, era professora e ensinava sobre poemas e poesias aos filhotes dos outros macacos, numa escola bilíngue fundada pelo seu avô, Mestre Bugio VI. Mas ela só saía de casa para dar aula depois de duas coisas: tomar pelo menos três cuias de chimarrão e olhar no celular a previsão de seu signo para aquele dia.

A primata Madalena tinha um sonho: ser uma macacamãe! No entanto, os anos foram passando e ela continuava sozinha e sem seus próprios macaquinhos. Um dia, antes de ir à Escola do Matagal Mestre Bugio VI, como de costume, ela preparou seu chimarrão enquanto lia a previsão para seu signo:

> Você terá filhos, porém lembre-se de que família é sinônimo de amor.
>
> Não tenha preconceito. Ame-os!

Madá não entendeu muito bem o que leu no seu aparelho celular, mas queria muito ser uma macaca-mãe. Ela foi à escola e, nesse dia, ensinou aos seus alunos sobre rima. Na volta para casa, a alça de sua mochila se rompeu e ela parou de caminhar para tentar consertá-la. Enquanto isso, ouviu um choro estranho: "Miau, miau". Ficou curiosa e foi verificar. Ela exclamou para si mesma:

    – É um macaquinho chorando! Não! Não parece um macaquinho! Mais parece um leão bebê, menor que o normal, e seu rugido é estranho! Não é um leão! É um gatinho! Não! É uma gatinha miando desesperadamente!

    Ela pegou a gatinha no colo, que contou estar chorando por ter sido abandonada por uma família de humanos por ter uma doença.

    – Como conseguiram fazer isso com você, minha pequena miaucaca? Seu nome agora é Aurora e sua mãe é a macacamãe!

    A gatinha Aurora parou de chorar e encheu a macacamãe de lambeijos agradecidos!

E, dessa forma, macacamãe Madalena, agora muito realizada, foi adotando outros gatos que eram abandonados por humanos.

Ela os encontrava na rua, no mato ou em abrigos e dava-lhes família e amor.

Madá continuou gostando de ler sobre signos, sabe o signo de todos os seus filhos. Ela tem seis miaucacos, é como ela chama suas crianças (Aurora, Bento, Brigadeiro, Pink, Esmeralda e Maria). Ensinou a todos poema, poesia e rima. Todos eles são muito educados e adoram tomar chimarrão com a macacamãe.

O meio

    Com a ajuda da macacamãe e relatos dos gatos adotados vamos contar um pouco sobre cada um dos miaucacos. No entanto, eles fizeram questão que envolvesse poema, poesia e rima!

Os gatinhos da macacamãe eles são,
todos dividem o mesmo coração.

Alguns abandonados viviam,
mas não era o que queriam!

Outros moravam em abrigos,
onde tinham amigos,
mas todos queriam uma família,
para que se sentissem animais
amados e especiais!

Preta, branca e amarela,
são as cores da Aurora.
E quem diria,
são as mesmas da Maria!

Eu adoro uma coberta
e sou bem esperta!
Amo amassar pãozinho
e sinto muito soninho!
E do meu coração
sai um barulhinho, rom, rom!

Eu sou independente
e muito inteligente!
Minhas patinhas são curtinhas
e eu sou a mais novinha!

Eu nasci "dodói" e a Maria também,
isso não nos torna piores que ninguém!
Ao contrário, ficamos mais fortes,
e macacamãe sempre diz
como é uma macaca de sorte!

Eu concordo, sou divina!
Imagina!
Sou perfeita!
Como toda virginiana
sou soberana!

Eu gatuno o lanche das minhas irmãzinhas
e me escondo para comer sozinha.
Deve ser porque sou leonina
e a mais pequenina.

Bento é o meu nome,
Fofura é meu sobrenome.
Dos meus irmãos, eu sou o mais fortão!
Mas gente,
o que eu tenho de carente!

Sou deveras elegante,
uso gravata e luvas brancas!
Dizem que sou engraçado e brincalhão,
mas gosto de tomar banho não!

Macacamãe sempre diz:
"Que medroso e dengoso esse bichano,
deve ser porque é pisciano!".

Brigadeiro é o meu nome,
e quando estou com fome,
mordo o dedão da macacamãe com o meu dentão,
mas bem fraquinho, só de amorzinho,
que é para ela lembrar de servir a minha ração,
porque eu sou um comilão!

Eu tenho uma juba e pareço um leão,
também carrego um rabão,
meu focinho tem um leve bafinho,
que a macacamãe sente ao me encher de beijinhos!
Depois eu a ouço reclamar:
"Miaucaco, você deve essa boquinha lavar
e esses dentões escovar!".

Da minha mamãe eu não consigo ficar longe,
eu amo, amo, amo,
deve ser porque eu sou canceriano.

Esmeralda é meu nome,
na saia longa da macacamãe gosto de me esconder,
de tudo quero comer.
Tenho pernas longas, rabo grande e língua comprida!
Sou deveras extrovertida!

Madá me chama de Esquila*,
por causa da minha aparência e agilidade.
Pensando bem, eu e os esquilos temos muita afinidade!

Eu sou geminiana e gosto de miar "pelos cotovelos"!
Miar por qualquer motivo, esse é o objetivo!
Miar, miar e miar!

*Esquila: refere-se a um esquilo-fêmea.

Sou um tanto beijoqueira,
Macacamãe diz que sou pisciana e fica deveras faceira!
Meus olhos são azuis,
no mesmo tom da Lagoa Mirim.
Eu sou inteligente, tenho medo de gente, enfim...

Sei que é bom dar e receber amor,
é como quando estou com frio e mamãe liga o aquecedor!

Só para frisar,
eu sou a Pink,
tinha esquecido de me apresentar.
Pink é a minha cor,
a cor do amor!

O fim

Cada miaucaquinho é especial,
a mamãe ama cada qual
de forma incondicional!

Quando a macacamãe está triste,
eles dão a ela todo o amor que existe:
Bento e Pink a cobrem com seus pelos fofos e quentinhos!
Aurora se encarrega de massageá-la com suas patinhas.
Maria não para de ronronar
para o seu coração acalmar!

Esmeralda trata de as lágrimas secar.
Brigadeiro, com suas unhas,
se encarrega da acupuntura
e diz que é terapeuta, ele jura!

Quando chega a hora de nos deitar,
juntinhos vamos todos estar!
Pois somos irmãozinhos
e longe um do outro não queremos ficar!

Cristiane Civa

    A aututora de Os miaucacos da macacamãe é conectada à astrologia e seu coração é dos animais, em especial dos pequenos felinos.

    Professora de pequenos humanos no Ensino Fundamental, Cristiane é apaixonada pela Educação e sempre gostou de escrever.

    A publicação deste livro é uma realização pessoal, um sonho de infância.

Contato:

✉ crizzciva@gmail.com